中小企業のための7カ条

やるか やらないか!

Do. Or do not.

リンケージ・パブリッシング

はじめに

中小企業を元気にする

できる会社とダメな会社は、仕事のルールが違う。例えばできる会社では、風邪をひいたら健康管理がなってないと怒られるが、ダメな会社では簡単に休んでしまうというような、基本的な仕事の常識・厳しさの違いがある。このことは、中小企業の場合は社長の匂いでもわかる。できる会社の社長は「立派な匂い」がする（「匂い」とは、初対面でも不動産の仕事をしている人だなとか、人材派遣の仕事をしている人だなというようにその業種独特の雰囲気のことを指す）。それと同様に業種に関わらず「立派さ」という匂いがある。

私はよく「いい会社と悪い会社の違いは何ですか」と取材等で質問されることがあるが、そういう時は決まって「立派な社長の会社はいい会社です」と答える。立派な社長なら会社は潰れない。

本書では、できる会社・立派な社長になるための7カ条を原則としてまとめた。中小企業経営者が本書を読み、実践し、結果を出して元気になってもらえれば幸いである。

仕事に対する価値観

ドラッカー氏の著書に次のような一節がある（著者意訳）。

「ここに、煉瓦を積む作業をしている人たちがいます。あなたは何をしているのですか？」との問いに対して、以下の5通りの答えがあります。どれが正しくてどれが間違っているといったものではないが、その人の仕事に対する認識が自分の仕事の価値を決定付けるのです。ここでいう「人々の心を癒す」というミッションを共有することが働く人のエネルギー源となり、「やり甲斐」をもたらすことになります。

①わたしは、煉瓦を積んでいます
②わたしは、壁をつくっています
③わたしたちは、建物をつくっています
④わたしたちは、教会をつくっています
⑤わたしたちは、人々の心を癒す空間を造っています」

実はこのドラッカー氏の逸話には裏話がある。一番の問題は「誰にも負けない、誰にもできない素晴らしい煉瓦を積んでいます」と答える職人である。組織で働く上でのチームワークもなく、自分の満足のために煉瓦を積むことが最大の害であるということだ。

仕事の価値観が醸成される過程は、志事→試事→仕事　私事である。私は○○のために生きたい。だから志すことが志事の第一歩。そしてその志が本物であるのかを試される試事の時期を迎える。この時期に、志が本物であれば目の前の試されごとを乗り越えられる。そして、その仕事に生涯仕えることができるので「仕事」となる。しかし、試されごとの試練から逃げようとするのは、卑しい私事であり、その癖がついてしまうと、給料や休日、待遇面などの私利私欲中心の私事思考に陥ってしまう。どちらが得かばかりを気にしている人に人はついていかないのは当然である。

皆さんも今一度、自分の仕事ぶりを振り返って欲しい。本当に生涯仕える仕事をやっているだろうか？　私事で自己満足でやっている仕事は必ず廃れる。

プロフェッショナルとは

プロフェッショナルとは、絶えず自分の限界に挑戦する人である。

ここに「時給1000円で、普通にやれば5時間で終わる仕事」がある。Aさんは3時間で終える。Bさんは8時間で終える。1日を終えてAさんはもう一つ同じことを終えて、次の難しい仕事に取り組み始めた。Bさんはその日はその仕事だけで仕事を終えて帰る。次の日もBさんは昨日と同じ仕事を行い、また同じように1日かけて仕事を終えた。Bさんは Aさんに比べて仕事ができないとレッテルを貼られたので、翌日もその翌日も同じ仕事だけをやらされる。一週間が経過した時点で、AさんもBさんも貰える給料は時給1000円×8時間×5日間＝40，000円である。Bさんは一見楽しているように見えるが果たしてこのような仕事が愉しいと言えるだろうか？

当社は創業以来絶えずお客様の期待を越えるスピードを追求してきた。他の会社が普通は3カ月かかる仕事を1カ月で完了させる。だからこそ2800社以上の会社を支援できた。これからも誰も追いつけないスピードを追求し続ける。仕事とは、『期待値 < 結果』に他ならない。まず、最初に誰の期待を越えるべきかと言うと、自分自身への期待である。仕事に対する姿勢は常に自分自身への期待値を高く設定しそれを乗り越える姿勢である。大昔であれば、何時間も机に向かっていることが仕事であった。しかし、現在の環境では机に向かうことは仕事ではなく、出力が仕事である。あなたは、相手の期待を超える仕事をしているだろうか？

「これでいいんだ」はない。「みんながこのくらい」を基準としない。自分なりの最高水準を設定し越え続ける。できる人間のあり方の基本である。ましてや、私たちは「中小企業を元気にする」お手本とならねばならない立場である。そのお手本である私たちが「これでいいんだ」と低い水準では誰も私たちの話など聞かないだろう。私は自社の若い社員が、頑張って全力を尽くした結果が今ひとつだった場合には決して怒らない。しかし、「これでいいんだ」が見える仕事であれば若手でもベテランでも構わず徹底的に怒る。「これでいいんだ」の癖がつくと治らないからである。ゆで蛙の逸話がある。蛙を熱湯に入れるとすぐに飛び出すが、ぬるいお湯に入れて徐々にお湯の温度を高めていくと気が付かずにゆで蛙になってしまい死んでしまう。私たちも「これでいいんだ」のぬるい環境につかっていると気が付けばゆで蛙になってしまう。そうならないためにも自ら高い水準を設定し「これでいいんだ」とならないようにしたいものである。それでも、最終的に全てを決めるのは「お客様」である。我々がどれだけ高い水準だと思っていてもお客様の期待値を越えられなければ仕事をしたとは言えまい。

図表１　プロフェッショナル

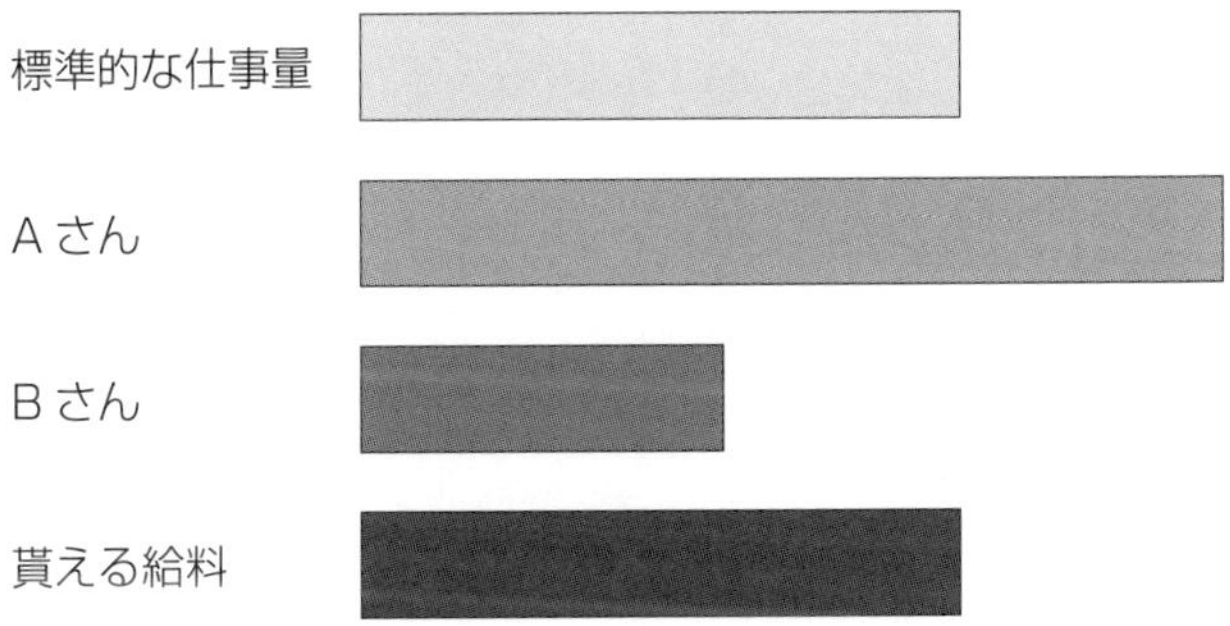

目次

■第五カ条　仕事はスタートダッシュ

■第六カ条　仕事は単純化する

■第七カ条　良い時こそ、分析する

第一部　人としてのあり方編

第一カ条　後悔する苦労はない

あの頃の苦労があるから今があるという言葉がある。

若い頃の苦労を思い出して、後悔する人がいるだろうか。普通は「あの頃の苦労があるから今がある」と思うはずである。よく、「こんな大変な仕事を安い金額ではできない。」などという人がいるが、そういう体験を積まなければ、成長することはできない。是非、儲け度外視で、どんどんチャレンジしてもらいたい。

仕事の報酬は仕事

皆さんも経験したことがあるだろう。仕事で成果を出すと次から次へと仕事が舞い込んでくる。仕事の報酬は仕事なのである。もし、仕事の報酬として仕事が舞い込んで来ていないのであれば、お客様が満足した成果を上げられていないのである。新規顧客獲得に精を出す前に既存のお客様を満足させることに注力してほしい。自身の若い頃を振り返ってほしい。会社員であれば、一つの小さな仕事ができるようになると、大きな仕事を任されるようになる。そしてその大きな仕事ができるようになるとさらに大きな仕事やマネジメントを任されるようになる。

ヒラ社員↓主任（一人で仕事を完了できる）↓係長（課長の指示を受け同僚と協力して仕事を完了できる）↓課長（複数の社員をまとめ上げ課の仕事を完了できる）↓部長（複数の課の仕事をまとめ上げ部の仕事を完了できる）のように組織階層はより大きな仕事をやる人間が階段を登れるようになっている。それにつれて報酬も上がるだろうが、報酬を上げるために仕事をやっていたのではないはずだ。目の前の仕事をどうすればできるか？一つひとつ仕事をできるようになっていった。次から次に難しい、大変な仕事が降りかかってくるのは成果を挙げていたからだ。

今の自分の置かれている不遇を嘆くのは簡単である。しかし、世の中の仕組みは現在の仕事を成し遂げ、より大きな仕事をできる人間の待遇が良くなるようにできている。であるならば、目の前の仕事を一つひとつ丁寧に完了させていくしかないのは自明であろう。

したいこと＜すべきこと

『したい事＝（現在の）仕事』であれば最高の環境であろう。しかし会社員として、組織人として、社会人としてあなたに期待されている事＝すべき事を果たしたうえでしかしたい事は成し遂げられない。今やらなくてはいけない事ではなく、したい事をやる。自分にできる事ではなく、できない事をやりたいからやる。その結果会社やお客様に迷惑をかけていいのだろうか？　小さいころから親や学校の先生に言われ続けて来たことだろう。

「まずは、言われたことをちゃんとやれ」。未だに言われているのであれば、「言われたことをできるようにする」に

図表２　したい事すべき事図

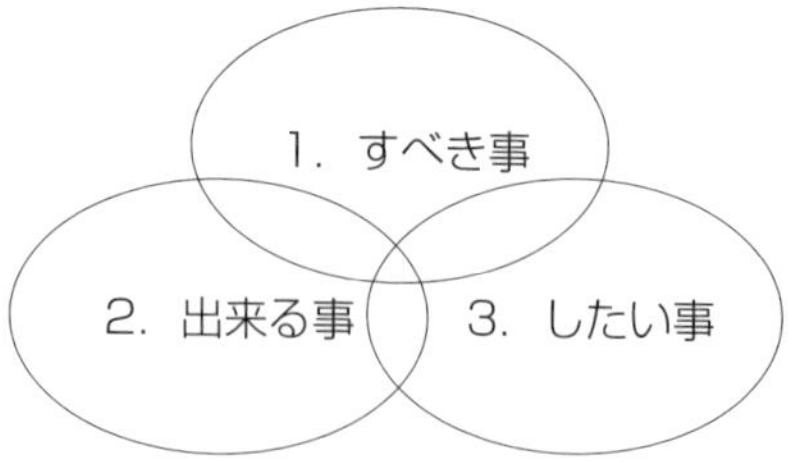

集中してみてはいかがだろうか？　特に二代目経営者に多く見られる。そもそも先入観として「先代経営者は『したいこと』ばかりやってきた。それに比べて、自分は…」との思い込みの呪縛で自分を縛り、結果「すべきこと」から逃げている。あなたがすべきことは現状の会社の窮境から脱却するために、売上を上げること。ダメな社員をどうにかすること。全て明白である。まずは結果を出せば、後は自分の好きなことだけをやり放題。なぜなら先代に比べて、「人・物・金・信頼」の経営資源を圧倒的に有しているのだ。ほんの数年したい事よりすべき事を優先してできることにすることでしたいことの選択の幅が広がる。また、すべきことをやっている中で、新たなしたいことが見つかるかもしれない。二代目、三代目経営者には特に頑張ってほしいので厳しい言葉になった。

嫌われる勇気

ある二代目経営者の話である。彼は人に嫌われたくない。彼はいろんなセミナーに顔を出して人脈を広げていた。昼は一応仕事で、週末と夜はセミナーなどのコミュニティと寝る間も惜しんで活動していた。あまりにも忙しそうで辛そうだったので、「無理してるんじゃないの？」と声をかけた。すると、「いいえ、今はとっても充実しているんです。毎日勉強になっていますし、友達も大勢できました。もっと多くの人と友達になって人脈を作りたいのです」と答えた。私は「それはただの知り合いが増えているだけじゃないの？本当の友達ってそんなに多くはいないと思うし、大勢いる必要もないんじゃないの？」と答えた。未だに会社の業績は向上せず毎日忙しそうなままだ。みんなに好かれるのは大変だ。「自分」の未来の夢や希望ではなくみんなの「現在」のために夜と週末にエネルギーを消費して消耗していった。自分の未来を切り開くためには仲間との付き合いが減るのは当然だ。しかし本当に一所懸命に仕事をすると、理解してくれるお客様が必ず現れる。「みんな」には嫌われるかもしれないが、目の前のお客様に全力で取り組むことで次のお客様が現れる。そして、次のステージに登ることが許されるようになる。全ては「嫌われる勇気」を持てるか持てないかの違いだ。

経営者団体、地域コミュニティ、学校のOB会など仕事以外ばかり忙しくなり業績が上がらないで困っている経営者は、もう一度自分の仕事は何かを棚卸して欲しい。その仕事に不要な人間関係に好かれる必要はない。また、嫌われる事を恐れる人は周囲の目が気になっている。その他大勢から抜け出すためには、今までの楽な環境を脱出しなくてはいけない。地域の顔なじみの経営者団体、異業種交流会を卒業し、高いモチベーションを持つ人と会うと今までの仲間達からは「変な目」で見られることになる。それでも、抜け出て成果を得てほしい。「周囲の目が気になるから、なかなか違ったことができないんですよ」との相談を聞くが、変な目で見られるけど会社の経営が上手くいくのと、変な目では見られないが会社の経営がダメになるのではどちらを選ぶのか？　答えは自明のはずなのだが、「変な目」で見られることを選びたくないようだ。いつまでも「その他大勢」の中にいたいのであればご自由にと言いたい。その他大勢から抜け出すことは、周囲に理解者と誤解者を作り出すことになる。さらに成長を続けると、ごく少数の理解者と多くの批判者、批評家に囲まれることになる。あなたが経営者として会社を成長させたいのであれば、「周囲に変な目で見られる」ことを越え続けることに他ならないと肝に銘じてほしい。

成功するまでやる

全国各地での講演会、相談会で多くの経営者にお会いしている。卓越した成果を挙げている経営者の共通点は、『「オレはスゴイ」の勘違い×成功するまでやる』。オレはスゴイ＝他者評価を求めないため、人に嫌われることも厭わない。だから卓越した成果を挙げている経営者は変わり者と呼ばれる人が多いのだろう。人に変わり者と呼ばれることを気にしていてはいつまでたっても成功を手に入れることはできない。前項で紹介した渡辺美樹氏も成功するまでやるタイプだ。松下幸之助氏、稲森和夫氏などの名経営者は総じてこのタイプだ。読者のみなさんも自分を信じて、勘違いして成功するまで徹底的にやってほしい。そして、次にお会いする時には、「なんとかうまくいくことができました。成功するまでやることが成功の秘訣だったんですね」と声をかけてほしい。

一方、あと一歩の努力で成功できたのに諦めた人がいる。特に30代の人に多く見られるが、あとほんの少しだけ、今の努力を続けていればと思われる残念な人が多すぎる。仮説を立てて、試行錯誤を繰り返し「兆し」が見えているのにあと一歩の努力をせずに諦めるのは残念でならない。時代背景を理由にする人もいる。就職氷河期時代に社会人になったので、冒険よりも守りの考え方に陥っているとの理由。しかし、若い時にこそできることは失敗を恐れず挑戦することだ。恐らくいつも冒険をしないまま「少しでも良い条件の会社」を転々とすることになるのだろう。転職が当たり前になった時代ではあるが、3年ごとに転職を繰り返していては「仕事」も覚えられず、成長はおぼつかないであろう。

ケンタッキーフライドチキン創業者のカーネルサンダースは1009回訪問を断られても続けた。エジソンは1万回失敗しても電球を発明するまでは失敗ではないといっていた。成功者の共通点は「うまくいくまでやる」ことである。大発明ではないのだからせめてあとほんの少しだけ頑張ればと思う。会社員が挑戦できる大抵のことは1年以内に結果が出るものだ。あと半年、あと3カ月、あと1カ月だけ頑張ることで結果を出せる。そこで一つの成功体験を生み出すことができればその後の道は大きく開ける。私は学生時代にラグビーをやっていた。苦しい中、厳しく押し込まれている中で、あの時の「あと一歩」が逆転につながったという試合があった。苦しいのはみな同じ、その環境の中で「あと一歩」頑張れるかが人生の成否の分かれ道となる

最初に就職した会社で働き方は決まる

残念だが事実。最初に就職した会社が「ぬるく」「責任」を問われないだらだらとした会社であれば、その人の仕事の価値観が定着してしまう。私は幸いなことに伸び盛りの大手スーパーに就職したため、猛烈に働く社員と全く働かない社員の両方を見てきた。自分がどうなりたいのか？　どのように働きたいのか？　を具体化できた。一方、公務員や安定している大企業に勤めた人は成果ではなく評価を気にする。本来は成果で評価されるのだが、数値化できていない他者評価や、成果と関連付けられていない試験結果により評価される。また、社員数が極端に少ない中小零細企業では社長にぶら下がっているだけで給料をもらっている。こうした場合は、そもそも社内に人が少ないのでモデルにする人もい

ない。何が求められているかも分からない。こうした会社で数年働くと、それが「仕事」だと本人が決めつけてしまう。自分が期待されている仕事の成果も分からず、ただ会社に行って同じことを繰り返すことが仕事だと自己認識してしまうと変革するのは難しい。もし、あなたの会社が小さな会社で新入社員がいるのであれば、本書を参考にして社員に仕事の成果を数値化して伝えることを始めてほしい。

第二カ条　約束は必ず守る

一度でも口にだしたことは必ず守る。「やっぱり」「考え直したら」という言葉は社長に必要ない。

しかも、この約束がいくらくだらないことでも、必ず守る。例えば「今度、飲みに行きましょう」

一般的には社交辞令のような話しだが、こういうことでも真剣に実行してほしい。

こちらがきちんとすれば、相手もきちんとする

いろんな人と会うと、いい加減な人に出会うことがある。そんな時に、「今日はいい加減な人がいて、大変だった」などということがあるが、これはその人が悪いだけでなく、自分の接し方もいい加減だったと反省すべきである。失礼な人に会ったら、逆にその人が恥ずかしくなるくらい丁寧に接するべきである。こちらがキチンとすれば、相手もキチンとせざるを得なくなる。そうすれば、自分の周りはキチンとした人でいっぱいになる。ところで、あなたの周りにいる人たちは「きちんとした人」だろうか？　類は友を呼ぶの言葉通り、あなたの周囲のつきある人の顔ぶれを見ると、あなたがどういう人なのか浮き上がって見えてくる。狡賢そうな人ばかりがあなたの周りにいるのはあなたがそういう人を引き寄せているからだ。信頼できる温厚そうな人があなたの周りにいるのであればあなた自身が引き寄せているのだ。やる気のある人ばかりですか？　できない言い訳ばかりしている人に囲まれているとあなたの元気も吸い取られてしまう。元気を吸い取られないまでも、周囲と比較して「周りよりも自分は頑張っている。だから、これで良いのだ」と現状維持の方向へ向かう。高いモチベーションの人と会うと、自分の足りなさを実感させられる。「このままではいけない。自分はまだまだだ」と自己変革に向かうモチベーションが

高まる。現状の環境を嘆くのではなく、現状の自分の不甲斐なさを嘆く。現状維持は何も生み出さない。当社顧問の内海氏は専門は事業再生コンサルタントだ。再生の現場では、社員のモチベーションは下がり仕事に対する誇りもプライドもなく、ネガティブな雰囲気が会社を覆っている。自ら招いた負の連鎖にはまり込み、閉塞感が充満している。外部から入るコンサルタントは客観的、論理的な打開策を提示するのは当然であるが、明るく高いモチベーションを持った火付石としての役割も担う。もし、あなたの周囲がモチベーションが低い人ばかりであるならば、本書を読んだあなた自身が周囲の火付石になってほしい。

多くの企業や団体がビジネスマッチングを事業化しようとしてうまく行かないのはきちんとしていない人を無理やりお金で繋ぎ合わせようとしているからだ。当社のビジネスマッチングがうまく行っているのは、まず「人を見る」からである。この人であれば大丈夫だと思える人同士を紹介することでビジネスマッチングが成功する。当社に相談される方は地方の中小企業経営者が多い。首都圏に販路を開拓したくてもなかなか販売できずに困っている。しかし、「じゃあ、売ってあげましょう」と安請け合いはしていない。彼らと向き合い、「彼らが何を目指しているのか。」を聞き、彼らの人となりを判断している。その上でこの人ならば大丈夫と思える人だけを当社のお客様に紹介している。最近では、売り手も買い手も紹介だけで集まるようになってきた。今後も「きちんとした人」と「きちんとした人」とを結びつけるビジネスマッチングを実施していきたい。

きちんとした人物像を明らかにする

「良い人が来ない」では、分からない。中小企業の最大の財産は「人」である。良い人財の確保はどの会社にとっても喫緊の課題である。しかし、良い人材を採用できない。採用しても定着しないとの悩みを良く聞く。それは、どのような人材がほしいのか、また、どのような人材に育ってほしいのかを会社が明確にできていないためである。まずは、来てほしい人の人物像を明確にしておくことが重要である。冒頭の「良い人」とはどんな人なのかを明確にすることだ。当社では理想とする人物像を明確にしている。定性面では本書の精神論を実現できる人物。具体的には「自分はこのように理解しました。だからこのように実践します」と答えられる人物。当社の精神論についてはホームページや私の著書にも記載している。入社希望の人間であれば調べているのは当然だろう。

また、定量面ではコンサルタントとして必要な物の考え方を筋道を立てて判断できる試験を実施している。それでも、当社が描いた人物像を採用できるのは100人に面接して1人いれば良い方である。

身だしなみ

人と接する時に「それ、相応の身なり」をしているのか？　を自問自答して欲しい。当社の場合はコンサルティング会社であり、お客様からは「先生」と呼ばれる仕事を行っている。その「先生」がだらしない格好をしていては示しがつかない。きちんとしているか否かの最初の判断基準は「見た目」に表れる。

スーツ、ワイシャツの汚れやヨレ、ネクタイの緩み、汚れた靴の人をあなたは信頼できるだろうか？　数年前、「カバンはハンカチの上のおきなさい」という本が売れた。売れっ子生命保険の営業マンの小さな心がけについて書かれている本である。特に、生命保険の営業マンが持ち歩いているカバンは時として屋外の地面に直接置く場合もある。そのかばんをお客様のご自宅で床やイスの上に置く際にハンカチを引いてその上に置くことでカバンの汚れでお客様のご自宅、家具を汚さない。という彼が実践している実話が中心になっている。私たちはお客様宅を訪問する事は稀であるが、そこまでのことを常日頃から意識したいものである。

最近は夏場の地球環境保護の視点から冷房を弱めて軽装で執務するクールビズを導入している企業が多くある。こちらが涼しければどのような格好をしても良いという事ではない。お客様に不快感を与えず、執務できる服装でありたいものである。また、当社の社員は昼休みに食後の歯磨きを励行している。そもそも、臭いのきつい物を昼食に食べないようにしているが、やはり人と接する仕事であるので常日頃から習慣化させている。また、社員研修の一環としてイメージコンサルタント（スタイリスト）を講師として招聘し、コンサルタントとしてふさわしい身だしなみの研修を実施している。第一印象で判断される仕事だからこそ徹底している。また、身だしなみというと勘違いする人がいる。それは、「したい格好」をすることと「らしい格好」をすることは違うということだ。私は20代の頃から今まで髪型はほとんど変えていない。7：3分けのオールバックに近い髪型だ。若い頃には多少は違う髪型にしたこともあるが、私が尊敬する仕事ができる人を真似たらこのような髪形と格好になった。最近は、カジュアル志向のようだが、私たちのようなコンサルタントという仕事は世の中から「先生」と呼ばれる仕事である。自分がしたい格好をするのではなく、先生らしい格好をするのは当然だ。

スコアリングモデルではなく、人として

一時期金融機関でこぞって採用された「スコアリングモデル」が機能しなかったのは、

人を人として判断していなかったからだ。お金の貸し借りとは人と人との信頼に他ならないのに、ただの数字を根拠にして判断しようとすること自体トンデモナイ話である。

ところで、スコアリングモデルではないが、私たちがともすれば犯しがちな間違いにデータベースに記載されているお客様をお客さまとしてではなく、データとして扱ってしまうことがある。パソコン上ではデータであっても、実際にはお客様で人である。人を人として見るのではなくデータとして見るようになると個人情報の流出、漏えい事件が起こるようになる。また、もう少し現実的な話としては販売用のデータとして扱った瞬間からお客様の反応が悪くなったり売上が下がったりということは良く起こる。

どれだけ多くのお客様の情報があったとしてもただのデータとして取り扱うのではなく、一人ひとりのお客様として接したいものである。

当社の松本執行役員の事例を紹介したい。当社には共有のデータベースがあるのだが、彼は、独自の顧客管理表を作成、記録している。氏名、会社名、住所、電話番号などの基本情報以外に、会った時の印象やお客様一人ひとりの特徴を記録している。声のトーンや、着ていた服装、好みなどデータではなく一人ひとりのお客様として記録している。この蓄積があるからこそ一人ひとりのお客様に対してデータではなく、人と人としての良好なコミュニケーションが取れている。

ブラックはどっちだ

ブラック企業の話題をマスコミなどで良く耳にする。しかし、考えてみればおかしな話だ。自分で勝手な幻想を抱いてその幻想と違っていたら、「ブラック企業」と騒ぎ立てているだけの状況に見える。結婚と同じ話だ。結婚するまでは「良い人」だと思っていたのに、結婚したら「こんなひどい人だとは思わなかった」会社もそうだ。入社するまでは「良い会社」だと思っていたのに、入社したら「こんなブラックだとは思わなかった」って、それって「自分の見る目がなかった」とは思わないのだろうか？　自分の見る目のなさを世の中に公言しているに過ぎないのではないか？　そもそも就職の志望理由が「会社の安定性、成長性、給料」って、どれだけ楽してぶら下がるつもりなんだ。「相手＝社長」にしてみたら悲しくもなるだろう。ブラック社員だって言いたくもなるだろう。当社を志望する方々には、そのようなさもしい気持ちでは来てほしくない。

記憶・記録

記憶と記録の蓄積が自分の価値基準を作る。一般に「人間の記憶はあやふやである」と認識されている。しかし、私は違うと考える。仕事に真剣に取り組めば、その時々の失敗も成功も鮮明に記憶に残るはずである。「一生懸命」と誤用されている「一所懸命」という言葉がある。一つの所に命を懸ける意味である。命を懸けるほどの仕事であれば記憶に残らないはずがない。そこまで集中しながらも、記憶だけに頼らないようにしたい。なぜなら、記憶は個人的なものであり、他者へ伝えるのが難しいからである。事実に基づいた記録を取り共有することで初めて社内の知恵が強化される。「5W2H」を網羅した記録をつけ、社内で共有している理由である。個人としては記憶を高めつつも、組織としては記憶に頼らないことが理想である。当社では常に仕事を記録し見える化している。社内での共有が進み新入社員の成長スピードが著しくアップするのはこのためである。

検討するは「逃げること」

社長はとにかく早い判断。「検討する」というのは、今考えることから逃げただけの話し。「検討する」という言葉は恥ずかしい言葉だと心得る。実際に検討するのは10分真剣に考えれば結論はでる。結論がでないような人は社長をやるべきではない。

ただし、早い判断をするには、自分の中に明確な判断基準が必要である。社長として経験が浅いと判断に迷うケースもあるだろう。その場合には判断するスピードと精度を高めることだ。判断できないことで経験が必要な場合は、その都度経験値を高めるためと考え取り組むことだ。若いころの苦労と同様に、それが今できる経験としてあなたの成長を促進してくれるだろう。

ミスはない

記録と記憶でも説明したが、一所懸命とは、一つの所に命を懸けるという意味である。命を懸けるほどの集中力で仕事をすれば記憶に残り、ケアレスミスは起こさない。一体いつごろからだろうか、ケアレスミスという言葉が使われるようになったのは。ミスはすべてケアレス（注意不足）である。ミスにレベルの差はない。「ケアレスミスでした。以後注意します」を見逃してはいけない。そもそも、なぜ、そのようなミスが発生したのかの根本原因を解決しないとまた同じようなミスが発生する。「て」「に」「を」「は」の使い方や句読点の間違い。最近では書類の漢字の誤変換が目につく。ＩＴがどれだけ発達しても使うのは人である。ケア＝細心の注意を払う事は当然である。経営者が考えるべきことは「人」に頼らず「ミス」を発生させない仕組みを確立することである。そのためにも、なぜミスが発生するのかの根本原因の追究が重要だ。しかし、ダブルチェックは不要だ。そもそもダブルチェックの考え方で仕事をするから「1回で完結しなくても良い、失敗しても良い」という心の甘えが生まれる。この一瞬に全てをかけ、命がけで仕事をするからこそミスは発生しないし、1回で完了させるからお客様が感動するスピードで仕事の成果を挙げられる。ワープロ登場以前は全ての書類は手書きで作成していた。たった1文字の間違いで全て書き直しをしなくてはいけない。間違うことは、時間と費用で莫大な無駄を生むことだった。このため、1回の作業で間違いを起こさない集中力が必要である。現在はパソコンを使って誰でも簡単に修正できるようになった。その結果、1度や2度の間違いは許されると勘違いするようになった。一所懸命の項でも書いたが、目の前の仕事に命を懸けて取り組むことでミスを犯さなくなる。そして、スピードを上げることが可能となる。全てはダブルチェックを前提とするからうまく行かないのだ。もうひとつ重要なのは、相手が何を求めているのかを最初に明確に捉えることである。完成イメージを具体的、明確に持つことで間違いの可能性がなくなる。誤字、脱字レベルでの間違いではなく、完成の姿が違うのであれば何をしても取り返しがつかない。どれだけチェックをしても補えない。仕事に取り掛かる時にゴールを明確にすることこそ、最も大切なのである。

約束は必ず守る

1分1秒であっても時間を厳守する。当社の会議は全て時間厳守で開催している。時間厳守の癖付の理由。全国各地で開催している経営相談会では1時間の時間内で対応しなくては待っているお客様にご迷惑をおかけすることになる。物事を決めた時間内で完結させるには日頃の意識付が必要である。また、準備・段取りが欠かせない。たとえ社内会議であっても常に時間厳守で行うのは前記の理由である。社内会議の開始時間厳守を徹底するために、会議の司会者（準備担当者）は10分前に机、イスのセッティング、プロジェクターとパソコンのセッティングを始める。5分前には「月例会議を始めます」と全社員に呼びかける。3分前には社長自らが会議室で着席する。約束を守る会社にするためにはやはり社長自らが約束を守らなければ誰も守らなくなる。率先垂範である。約束を守るために、自分に課していることが先約優先のルールだ。ダブルブッキングをしてしまった、などと平気で言う人がいる。時間管理の原則を持っていないからそうなってしまう。当社では全て先約優先としている。相手が偉い人であろうとそうでなかろうと、全て先約（先に約束したこと）を優先することを原則とするとダブルブッキングは起こり得ない。また当社では共有のスケジュール管理ソフトを使っていてアシスタントが電話を受けるとすぐに担当コンサルタントの予定を確保するようにしている。ここでも先約優先の原則のため社長であろうと新入社員であろうと平等にお客様から予約が入れば先約優先で決定される。全国を講演で飛び回りながらも多くのお客様と個別面談を実施できているのはこの仕組みがあるからだ。

第三カ条　みんなのためのみんなの会社

「最近の若い人を引っ張るために、若い人に合わせる」というような本もたくさんあるが、こちらがいろんな方法を駆使しても、相手にもいろんな人種がおり、ピタリとはまらない。だから、こちらはシンプルに考えるべきである。大事なことは3つだけ。

①尊敬される人間になる（情熱）。これが一番大事だが難しい。例えばイチローが野球を教えればみんな素直に聞く。しかし、全社長がイチローになれるわけではないので、その場合は少なくとも「情熱」で引っ張ってほしい。

②アメを使う。給料上げるでも、食事をおごるでもいい。金を使う。

③ムチを使う。叱る、減給。

こうして部下を引っ張っていくのだが、責任はすべて社長にあると心得る。例えば、お茶を持ってきた女子社員が誤ってお茶をこぼしてしまった。この責任は普通なら女子社員だが、ここでは社長の責任ということ。お茶をこぼすのを予見できなかった社長の責任、お茶をこぼすかもしれない人間を教育できなかった社長の責任。とにかく、全てのことが無理矢理でも社長の責任ということ。

大将の戒め

徳川家康は人で苦労し、人の使い方が上手なことで知られる。彼が語ったと言われる「大将の戒め」を紹介したい。

『大将というものは、敬われているようでその実家来に絶えず落ち度を探られているものだ。恐れられているようで侮られ、親しまれているようで疎んじられ、好かれているようで憎まれているものじゃ。大将というものは、絶えず勉強せねばならぬし礼儀もわきまえねばならぬ。よい家来を持とうと思うなら、わが食を減らしても家来にひもじい思いをさせてはならぬ。自分ひとりでは何も出きぬ。これが三十二年間つくづく思い知らされた家康が経験ぞ。家来というものは禄でつないでならず、機嫌をとってはならず、遠ざけてはならず、近づけてはならず、怒らせてはならず、油断させてはならぬものだ。「ではどうすればよいので」家来は惚れさせねばならぬものよ』

理想は「惚れさせる」ことであるが、現実問題としては難しい。本章では、どうすれば部下の人心を掌握し動かせるかを解説する。

信賞必罰

罪を憎んで人を憎まず。中小企業が抱えている一番の問題は「人」。良い人が来ない＝社員に会社を離れてほしくないから社員に迎合するのではダメだ。「そうは言ってもなかなか良い人材が来てくれない。定着してくれない。だから、多少のことには目をつぶらざるを得ない」との嘆きを聞く。ただ、冷静になって考えてもらいたい。あなたが社員だとしたら、そんな会社で働きたいだろうか？　社員が不正（犯罪に関わらず）を行ったのであれば厳罰に処す。会社として判断しなければ、良い人材は集まらない。ただし、罪は憎んでも人は憎まずの原則にしたがい、本人の反省が認められるのであれば再発防止策、誓約書などの記録を残し、その後は水に流すことも必要である。

一方で、決断をしなくてはいけない社長は公平であっても中立ではいけない。小さい会社の場合は社長が議長を務める場合が多いのだが、全員の意見を吸い上げようとすると調整役になってしまい、何も決まらないことが多い。会議は決断の場であるので公平に発言させる必要はあるが社長が決断する。特に二代目経営者は、心優しく公平で中立であろうとして八方美人になりがちである。それでは決断ができない。

一方、ベンチャー企業の起業家経営者は公平のない独断に陥りがちである。自分の決断ではなく会社の決断を下すためには前述の会社の使命、価値観に照らし合わせて「会社ならどうするか？」を考え決断を下す。その後、決断に対しては約束として従う。会社員であれば、「会社（社長）は分かってくれね〜よ。」を居酒屋でクダを巻いて発散すれば良いのだが、残念ながら経営者はすべては自分の責任として負わざるを得ない。

公平に発言させて社長が決断することを繰り返すことにより「会社」の永続となり社長の成長となるので八方美人で中立の姿勢を取る必要はないのである。自信を持って「公平」だけど「中立」ではない姿勢を継続してほしいものだ。

小善は大悪に似たり

小善とは社員を甘やかす事で、社員が甘えて会社全体を不幸にする大悪の元となる。社員を大事にするとは、叱るべき時には心を鬼にして叱ることである。アメリカの会社でありながら、ＩＢＭの社是には「社員を大事にする」というものがある。「野鴨の精神」や「野鴨たれ！」という話が伝統的ＩＢＭ ＤＮＡとして語り継がれている。デンマーク、キェルケゴール著の話が原典だ。ある善良な心優しい老人が、デンマークにあるジーランドという湖で野鴨に「えさ」を与えていた。初めのころは、季節ごとに他の「えさ場」へと旅立っていたのだがその湖が居心地もよく、しかも「えさ」に困らなかったので、しばらくするとすっかり居ついてしまった。ある日、その老人が亡くなった。

野鴨は次の「えさ場」を探そうとするが、湖に居ついていた間に飛ぶことや駆けることを忘れてしまい、もはや他の「えさ場」を探すことができない。さらに悪いことに、近くの山から大量の雪解け水が湖に流れ込んできた他の鳥がすばやく飛び立つ中、太った野鴨は飛ぶことや駆けることができずに死んでしまった。野鴨は、本来数千キロを飛ぶことのできるたくましい鳥である。そのたくましい鳥でも、環境に安住することにより本来の生命力を失い、ちょっとした環境の変化にも対応できなくなってしまったのである。

この話に感銘を受けた、本国ＩＢＭ二代目社長であったトーマス・Ｊ・ワトソン・ジュニアは、さらに次のような言葉を残している。

「ビジネスには、野鴨が必要なのである。そしてＩＢＭでは、決して野鴨を馴らそうとはしない」

ＩＢＭｅｒにとって重要なことは、馴らされるのではなく、自主性を持ちながら、目標を持って行動することということだ。そういうたくましい鴨を育てるという意味で、「社員を大事にする」とＩＢＭはいっているのである。それは、まさに「小善は大悪に似たり」ということではないだろうか？

経営者は小説を読みなさい

人を動かすには心理学、もしくは人の心理を推し量る力。そのために最適なのが小説を読むことだと教わった。「人は褒めて育てる」とか、「やはり上司が鬼にならなくてはいけない」とかいろいろな方法論が世に出ているが、結局、その人、その場に応じた対応をしていくしかない。そのためには、多くの人と出会い、深い関係を持ち、「人に騙されたり、誤解されたり、疎んじられたり」と人に揉まれるのが一番の訓練である。しかし、現役の社長には「個人的に～」はありません。外部からも内部からも「社長が～」となります。

会社への損失を発生させる場合もあるので、なかなか実地訓練を行うのは難しいことだろう。そこで、手軽にできる方法として読書をお勧めする。特に心理描写が精密な推理小説がお勧めだ。登場人物に感情移入しながら読むことで、「自分ならこう考えた。自分はこうした」と想定の幅を広げることが可能となる。次にＴＶドラマもお勧めしたい。ドラマを見ながら、どの言葉が自分に響いたのか、どの登場人物が自分と似ているのかを空想しながら見ると対人関係のシミュレーションにもなる。

当事者意識

社員数が10人を越えるようになると、社長は組織をいかに動かすかの悩みが増えてくる。そこで、ダメな会社の社長は部下をどう使うかを考える。当事者意識を持たせるにはどうすれば良いかを考える。しかし、当社では全員が社長として自社をより良くするためには何ができるかを考えている。どちらが成果を上げるかは自明である。当事者であれば、主語は私になるのは当然である。当社の社員は「会社が」の言葉や「上司が」とは言わせない。「私」が主語を徹底させている。みんなのためのみんなの会社であるから、一人ひとりが社長のつもりでいる。お客様に対しても「私」が担当して、「私」が仕事を完了させる。私は誰かがやってくれている「他力本願」「他者依存」の空気が世の中に蔓延していることを危惧する。就職活動の学生は会社を志望する動機に「将来性」「安定」「待遇」を挙げる。入社する前から他力にすがり、ぶらさがる気が満々である。当社には来てほしくない人材だ。当社では私が会社を変えてやる。私が会社を良くしてやるという気概を持った人間しかいない。もっと言えば、私は「中小企業を元気にする」ための道具として当社を使ってやっているくらいの気構えの人間である。人生の主人公は「私」しかいない。常に「私」を主語とした人生を送ってほしい。

伝え方

人を動かすのは難しいと多くの社長の相談を受ける。確かに難しい。しかし、難しいと言っている人で、実際にうまく伝わる方法を研究している人は少ない。同じことを伝えるにも、社員全員が一同に会した時に行う方法と、数名の幹部に伝える方法と、一人だけを個室に呼び出して伝える方法とTPOに応じた伝え方が必要である。一同に会した時に個人攻撃を行っても意味をなさない。一方、毎回、個別に呼び出しても効果が薄い。社長に個室に呼ばれるのは誰にとっても「ドキドキ」あるいは「ビクビク」することである。だからこそ、特別な時にしか個人面談は実施しない。相手をどのように動かしたいのか目的を明確に定めて効果的な方法で伝えてほしい。社員同士を競わせる時には全員の前で行い、評価する時には特別感を出すために個別に行う。自社の社員の個性に応じて伝え方を工夫している。例えば1対1のコミュニケーションの場合には、対面しない方法を採るようにしている。部下は自分の前にくると萎縮する。できるだけ優しく穏やかに話しかけても、部下の口から出てくるのは言い訳ばかり。「怒るまい」と決めていても、最後は激怒してしまう。対面＝攻守となってしまう。攻めるか守るかは動物である人間の本能。社長が優しく問いかけても、部下にとっては攻撃と感じる場合がある。出てくる答えはせいぜい一般論。もう少し突っ込んだ話をすると言い訳のオンパレード。建設的な会話にするには、問題を客観的に見ることだ。一例として問題をホワイトボードに書き出す。上司と部下が横に並びホワイトボードに対面する。たったこれだけで、「一緒にやっつけるべきはあいつ（ホワイトボード）」となる。

20：60：20の法則

上位20％の社員は、社長（上司）の言ったことの背景を理解し、言っていないことまで推測、先回りした仕事ができる。社長が手放したくないレベルの人間である。このレベルの社員には「これから」実現したいことを共有し、一緒に考え実行する「仲間」として扱うことで彼らの仕事の成果は更にあがる。中位60％レベルの社員は、「言われたら、言われたことを最低限やる」レベルの社員である。社員教育の充実により底上げは可能である。良くも悪くも、自社のレベルはこの中位レベルである。下位20％レベルの社員には2通りある。能力はあるが会社に対する不満があるため実力を発揮していないタイプと、本当に仕事ができないタイプである。会社に不満がある人間に対しては、社長が一度本音で向かい合うことで上位20％になるか退職するかに分かれる。残念だが最後の本当に仕事ができないタイプは辞めさせても中位レベルから落ちこぼれてくるので撲滅はできない。底上げを図らなくてはいけない業種の場合は、朝礼や掃除などの躾レベルでの社内行事を行い教育していくほかない。5S活動と簡単に言っているが実践している会社は少ない。当社はコンサルティング会社であるが、週1日、毎週月曜日は本社のある日本橋周辺を掃除している。これはすぐに成果に直結させるためではなく、下位20％の人間にも社員としての帰属意識を持たせるためである。もっとも、「みんなのためのみんなの会社」であるので、当たり前のことを当たり前にやっているに過ぎないのだが。

図表3　20：60：20の法則

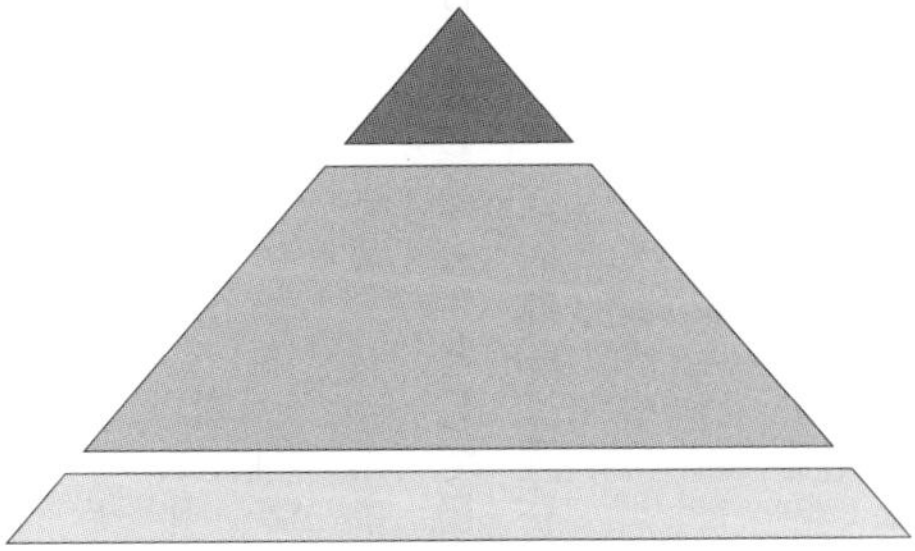

医者がモデル

医者は患者の命を救うために命がけで働く。長時間に及ぶ手術、突然の急病。病気や怪我は医者の都合を待ってはくれない。患者から「お陰様で助かりました。ありがとう。」と言われることが仕事のモチベーションだ。コンサルタントは人の命を救うことはできないが、会社の命を救う仕事である。だから、私たちは企業経営に関するあらゆる症状に対応できるように日々の研鑽を忘れない。同時に企業を元気にするために自らが高いモチベーションを維持している。また、当社は町医者ではなく総合病院を目指している。片田舎に事務所を抱えて昔の経験によりすがる個人病院ではなく、日本一の専門家が集い切磋琢磨する総合病院だからこそ中小企業を元気にすることが可能だと信じている。日々最前線に身を置き命を削って中小企業を元気にするとの気概を持った社員が集まってくるのは当然である。さらに社員の強みを伸ばすために商品構成を広げている。当社の商品は現在幅広い構成になっている。創業したばかりの時は経営革新計画作成支援事業しかなかったのだが、社員が増えるたびに取扱い商品が増えてきた。金融機関出身者は資金調達で困っている中小企業に対して資金調達の支援を行っている。補助金の書類作成が得意な中小企業診断士は補助金の支援を行う。会社の福利厚生費削減に強いコンサルタントは401k

を取り扱う。このように当社は社員一人ひとりの強みを活かし商品構成を拡大してきた。中小企業では平均点でできる人材を獲得することは困難である。だからこそ、今いる人材の強みを伸ばす事で成果を挙げるしかない。

会議

会議の目的があいまいな会社が多い。人を集めて議論をするものの決定がなされない。そのような会議であれば最初から行う必要がない。当社の月例会議では社員からの提案を必ずその場で採用、不採用を決定する。採用となったアイデアはその後の進捗状況を随時確認していく。やってみて効果がないと判断した場合は、終了の決定を行う。「とりあえず」はない。会議のもう一つの目的は、自分の意思を表明することである。周囲の意見に追従するのではなく、私はこうしたい。だから何をいつまでにすると宣言することで一人ひとりの実行力が強化される。しかし、一人ずつ発言させると最初の一人目の発言に同調、あるいは似たような発言ばかりとなる。結果、前例踏襲、無難な意見ばかりとなる。日本人特有の空気を読む会議である。そうした不毛を避けるために当社では質問・意見アドバイス・要望を1枚の紙に書かせて発表者に提出するようにしている。社員研修会では、売上数字の責任者が目標を具体的行動レベルに落とすための方法と決意を発表する。その際に聞いている人全員が、一人一枚ずつ記入し発表者に手渡している。この方法により発表者は通り一遍のアドバイスではなく他の担当者からの実体験を通じたアドバイスを受けることができるので効果が高い。具体的なやり方は「私は○○をやりたい」「私は目標を達成するために○○をします」と発言者が2～3分程度でまとめて発表する。その後、聞いていた他の社員が1、2分で感想とアドバイスを記入する。全員の発表が終わったらみんなからもらった意見、アドバイスに対して自分の回答をまとめて再度発表する。特に要望に対しては具体的に対応方法を答える。これを繰り返す。当社の事業は経営者を対象としている。自分の意見を持っている経営者に対して瞬間的に正しく的確に回答できなければ信頼を得る事ができない。普段から短時間で自分の考え方をまとめる訓練にもなっている。

いらっしゃいませ

当社が心がけているのは、当社に来社されたお客様に元気になってもらうことである。当社の経営理念が「中小企業を元気にする」であるので当然である。そのために、当社では受付の総務の女性が「いらっしゃいませ」と明るく大きな声でお出迎えしている。最初は恥ずかしがって小さな声しか出せなかったのだが、社内研修で発声練習を行い、実際にお客様に対して「いらっしゃいませ」のひと声をかけることでお客様が笑顔になってくれたのがきっかけであった。毎回、「その声でいらっしゃったお客様が元気になるのか？笑顔になるのか？」を自ら問いかけることで、明るく元気な声でお出迎えできるようになった。読者の方で当社へお越しになる方は是非ご自身の目で確かめてほしい。

第二部　仕事のやり方編

「どうだ!」と言い合える会社

私は社長だ。しかし、社長と言う役割に胡坐をかくつもりは毛頭ない。むしろ社員と「どうだ!」を言い合える関係でいたい。仕事ができない社長に社員はついていかない。私はこれからも、「どうだ!」を言い続ける。会社も同じ。年齢が上だからとか社歴が長い事はどうでも良い事。社内の全員がお互いに「どうだ!」と誇れる仕事をし合える会社が良い会社だ。そのための取り組みとして、「武勇伝」を発表している。会議の参加者は、毎月実施している定例会議の冒頭で、お互いに「どうだ!」を発表している。1分程度で「どうだ!」を発表する。例えば、社内では誰もやったことがない新しい仕事に取り組んでお客様に喜ばれた。難しい案件をこのようにして成功させた。1人の発表が他の参加者の刺激になる。「どうだ!」が炸裂する。次回は負けないとモチベーションの源泉となる。

ダメ社員の対処法

みんなのためのみんなの会社と言えども、ダメ社員は発生する。20:60:20の法則通りにダメな社員がある一定数発生してしまう。今まで新人教育、研修には力を入れてきても現実問題なので対処してきた。そこで、当社の対処法をお伝えする。

まず、ダメ社員は自分の事を、ダメだと認識していない。最初に実施する事は自分の仕事内容と期待される成果についてのチェックリストを用いて何ができていて、何ができていないかを上司と部下が共有する方法だ。チェックリストの各項目は本人に聞き取りながら主要項目を設定する。

その後、会社としての要望を項目として追加し完成させる。なぜなら、本人への聞き取りだけでは現状を肯定する項目の構成になりがちだからである。当社の場合は業績に連動した給与体系であるので、業績を上げるために何をしたのかについてチェックしていく。毎週定期的に面談を行い、この1週間何をどれだけやったのかを確認し、これからの1週間何をどれだけやるのかを確認する。

本書で述べている仕事に対するあり方は正しくてもやり方が間違っている場合はこの面談を1カ月程繰り返すだけで方向性が見えてくる。あり方は正しくてもやり方が間違っている社員は「危機感」を感じ始め行動の質と量が変化し始める。

しかし、仕事に対するあり方が間違っている社員は、言ったことをやらない。言い訳ばかりとなる。3カ月程面談を繰り返すと出処進退の話になる。3カ月の間、毎週面談をするのは大変なことのように思われるが、私は必要最低限の期間だと考えている。

第四カ条　できない言い訳はしない、できる方法を考える

できない言い訳を考えているだけ時間の無駄、そんな時間があれば、できる方法を考える。できない言い訳は、気持ちも暗くなるし、百害あって一利なし。また、「がんばります」という言葉を私は言ったことがない。がんばりますは、既にできなかった時に「がんばったけどできませんでした」という逃げ道を作っているに過ぎない。例えば、社員10人並べて「あなたはがんばっていますか」と質問すると全員が「がんばってます」と答えるだろう。

しかし、社長の目から見たらがんばっている人間とそうでない人間がいるはずである。或いは同じ人間でも昨日と今日のがんばり方では違うはずである。そんな人間にもっとがんばったら給料を倍にするよといってみてはどうか。きっとその人間は、「もっとがんばります」というだろう。では今「がんばってます」といったのはなんだったのだろう。数字や結果で証明するしかない。よく、プロセスが大事という人がいるが、結果を出している人のプロセスは、プロセスが大事といっている人よりもはるかにすごいプロセスを踏んでいる。

できない言い訳ができない給与の仕組み

当社の賞与は完全歩合制である。売り上げに比例した賞与である。社長より成果を上げる社員がいれば、その社員の年収は社長より多くなる。当社では社長より多くの年収を稼いでいる社員もいる。ポルシェだろうがベンツだろうが高級マンションだろうが金銭的な不自由はしていないはずである。給料はできる人は多く、できない人が少ないのは当然である。当社では当然のことをしているだけである。成果と給与が連動していれば、社員は「できない言い訳」ではなく、「どうすればできるか？」を考えるようになるのは当然である。

社長がやるべきことは、

1．儲かる仕組みを作ること

2．その仕組みの中でできない言い訳ができない給与体系の仕組みを作ること

3．できない言い訳ができないようにするために機会を均等に与えること

の3つである。

儲かる仕組みを作ることもできないで、安い給料で社員をこきつかおうと考えること自体が間違っている。

できることに分解する

最初から全てをできる人はいない。むしろ、何もできない所からスタートする。学校を卒業した新入社員には名刺交換の仕方や挨拶などの当たり前のことから教える。そして、営業であれば上司と同行してお客様の所へ訪問する。一つひとつのできることの精度を高める。そして、それらできることを高い精度で組み合わせていくのが仕事である。名刺交換と挨拶ができるようになれば飛び込み営業はできる。会社の説明、商品の説明ができるようになれば一人でお客様を訪問させることができる。できなかったことを一所懸命練習すれば良い。「やったことのないこと」はできないのだから仕方がない。ただ、できると思えることが高い精度でできているかこそが問題である。他の人に「どうだ！」と自信を持って見せられる水準である。分解された一つの部分をできるようになると自信を持って次のステップに進める。中途半端な水準で次のステップに進んでも、いつまでたっても全ての仕事が中途半端なままだ。

一方で全ては「できる」前提から始まる。できない言い訳をする人は、分かっていないのである。分かっていないのであれば、分かるためには人に聞くか勉強するしかない。分かって初めて「どうすればできるのか？」の方法の検討に辿り着く。年を取ると、人に聞くことが億劫になる。しかし、素直に人に教えを請うことができなくては人生の成功はない。お客様、上司など周囲の人に仕事を依頼されるということは、あなたに「できる」と判断したからである。つまり評価されたのである。にも関わらず、できない言い訳をするのは自らの価値を貶めることにつながるのである。

目的と手段を混同しない

できない言い訳をする人間の共通点は目的と手段を混同しがちな点である。仕事のできる人間は目的を達成するために方法・手段があることを分かっている。例えば、売り上げを上げることを目的として考えてみる。仕事のできる人間であれば、売り上げを上げるためには「客数を増やすべきなのか、単価を上げるべきなのか」を決める。そのために、今の自分（自社）にとって実現可能性の高い方法は何かを考える。しかし、仕事のできない人間は「がんばります」と答えてしまう。そして、「いかに頑張るか」が目的となってしまう。「早起きします。残業します。」が目的となってしまう。当然ながら売上は上がらず、肉体的に過重労働になり寝坊遅刻をするようになる。やがて、会社に行くのが嫌になり何の成長もないまま退職することになる。そして、次の会社でも同じことを繰り返す。１日の訪問目標の件数を設定する営業の人間は多いだろう。しかし、そもそもの目的は売上を上げることである。いつの間にか、「どうやって効率良く件数を回るか?」に目的がすり替わる。さらに、気が付けば、件数を回ることが仕事だと勘違いするようになってしまう。そして、「言われた通りに件数を回っているのに売れないのは、自社の製品・サービスが悪いからだ。」と責任を転嫁するようになる。そもそもの目的は何か? 何のためにやっているのか? を常に自問自答したいものである。結果だけでなく、その過程を大切にする考え方があるのも分かっている。しかし、過程を大切にするのは、全く新しいことを自ら考え行おうとする場合である。日常の仕事ではまず、通常の仕事のやり方で結果を出すことを目指すべきである。いくらやっても結果が出ない場合には、そもそもの目的と手段を再確認すべきである。手段が目的化されているケースがすくなからずある。

基準値を持つ

あなたはどのような仕事の基準を持っているだろうか? 自分が楽をできることを基準にすると、自分ができることをやって仕事を終わりにしてしまう。だから、報連相をせずに自己完結してしまう。その結果、正しく仕事を終えることができず周囲に迷惑をかけることになる。傍（周囲）を楽にすることが「はたらく」の本当の意味。その視点で自身の仕事を振り返ってみるとどうだろうか？　できない言い訳など言えるはずもないだろう。やってない言い訳だらけの自分に気づくだろう。「頑張ります。」で傍は楽になるだろうか？本当に大事なことは、仕事の基準値を持つことである。自分が楽になることではなく、周囲が楽になることを基準とすることである。周囲を楽にしようと思うと、今までの仕事の基準ではダメなのも理解できるだろう。もう一度自分が行っている仕事の基準を見直したいものである。

具体的には、通常行っている仕事にどの程度の時間をかけているのかを計測することから始めると良いだろう。たとえばA４用紙1枚のレポート作成にどの程度の時間をかけているのか？　そのレポートについて受け取り手は満足しているのか？　満足していないとしたら時間なのか、質なのか？　そうすることで、いつものように取りあえず仕事を始めるのではなく、予め自分の基準値と照らし合わせたうえで相手の期待値を越えるためにどうすれば良いのかを考えて作成することが可能となる。

変化を拒む3つの壁

私たちコンサルタントは企業の問題や課題に直面する。中小企業が抱える問題や課題は、ほとんどが人が原因である。人と組織の変化を拒む3つの壁がある。その壁を取り払うのが私たちの仕事である。

1つ目は認識の壁である。人間は自分の見たいように物事を見て、聞きたいように聞くため、会社の目標は、個人の認識の違いにより都合よく解釈される。理解していると思っていることも、各人の思い込みにより、違った認識となる。現在の状況が変化を必要と認識している人とそうでない人とが同じ会社の中にいれば、会社全体の変化を起こせない。

2つ目は行動の壁である。人は物事を認識し行動する。しかし、過去に失敗体験があると、行動しなくなる。また、過去の成功体験があれば成功体験に固執してしまう。よって変化を拒んでしまう。

3つ目は仕組みの壁である。会社に仕組みがなければ個人個人が勝手に成果を求めて行動する。個人商店の集まりになってしまう。組織としての効率は上がらない。誰もが当たり前のことを当たり前にできる仕組みを構築することが必要である。

前記の3つの壁が、社員の心理に「諦めの壁」を作る。入社した当時には持っていたであろう「良い仕事をしたい」「成功したい」という思いが、いつの間にか自ら「諦めの壁」を作って変化を拒むようになる。

あなたの会社の社員は今月の目標を言えますか？

目標を達成できない3つの理由。

①目標が共有されていない（目標を知らない）

私が企業のコンサルティングに入る時に最初にする質問がある。

それは、朝礼など全員が集まる場所で「あなたの今月の目標は何ですか？」と一人ひとりにする質問である。朝礼時に前方にいる社員は経営への参画意識が高い社員が多いので、すらすらと答えられるが、隠れるように列の後ろの方にいる社員は大体答えられない。（余談であるが、前方から見るとはっきりとどの社員が答えられそうなのかが分かる。また答えられない社員が多い会社では総じて目標達成できていない）。朝礼終了後に答えられなかった社員と1対1で話を聴く場面があるのだが、彼らは「目標と言っても上司から押し付けられた数字だし、暗記できませんよ。」「パソコンの中に入っています。」と答える。

私が問題としているのは、彼らが目標の金額を暗記していないことではなく、目標を達成することが仕事だと認識していないことである。貴社の社員は自分の目標が何かをすぐに答えることができるだろうか？

② 今やるべきことをやっていない。

組織では「人材は優秀な20%と普通の60%とできの悪い20%に分かれる。」という法則がある。

上位20%と下位20%に効果的な方法は「精神論や仕事のあり方」について共有していくことである。具体的には、上位20%に対してはミッション（会社使命）の共有、クレドの共有により自律的な行動を促進する。下位20%に対しては、しつけや行動規範を列挙し、最低限のルールを順守させる。しかし、これらの方法は正しいが時間がかかる方法である。ほとんどの会社ではそれ以前にやるべきことがある。それは、目標達成の仕組みを作り、仕組みに則って人を動かすことである。自社にとって現在取るべき方法はどちらであろうか？　事業再生のコンサルティングでは短期間で金融機関などのステークホルダーへ説明できる明確な成果を示す必要があったためマネジメントの仕組みを改善、再構築して成果を出すしか選択肢はなかった。外部からの圧力がない多くの中小企業の場合は、仕組みが多少機能していなくても「何となく」経営できているものである。そして、幹部からは、「社員の当事者意識が希薄だ。」とか「危機意識を持っていない。」などの発言が出る。私は「意識を変えるには行動を変えるのが一番の近道だ。」と常々お答えしている。まずは、「目標達成の仕組みを整え、仕組みに則って人を動かすこと」から始めてはいかがだろうか？

③正しい方法でやっていない。

目標を達成するには「ＰＤＣＡサイクルを正しく回すことが大切である。」と頭で分かっていても実際にはやっていないしできていない。あなたは正しくＰＤＣＡサイクルをまわしていますか？　突っ込まれるとたじろぐ方が多いのは無理もない。それは誰も正しい「ＰＤＣＡサイクルを回す方法」を教わっていないためである。ご安心頂きたい。本稿ではＰＤＣＡサイクルを正しく回す方法についてお伝えする。まず最初に、自社の目標達成の仕組みが機能しているのかを検証することから始めることにする。

チェックリスト

チェックリストを使い、できていることとできていないことを明確にする。若い時の苦労とは、決して労働強化ではない。どうすれば「期待」を超える「成果」を上げることができるのかを考え、実行し、失敗し、改善し成功する。そのプロセスを多く経験させることである。そのために有効な方法は自分の仕事のプロセスをマニュアル化させることである。マニュアルとは、何を、どのように、どのレベルでやるのかを文書化させたものである。第一段階として手順と使う道具と所要時間を明確化させ、途中での必要な達成水準を明確化させたチェックリストを作成させる。第二段階として、時間をどのように短縮できるかを考え実行させる。
水準をどのように高められるかを考え実行させる。その結果を記録させることで、自分自身が何をどのようにやることで成果を高められたかを言語化できるようになる。最初はなかなか思い通りにできないものだが、何度も繰り返し修正し自分自身で考え作成することで苦労を抽象的な一般論ではなく本人の肥しにすることが可能となる。

図表４　業務チェックリスト

業務チェックリスト（総務）

実施日　2014/12/17

	実施事項	本人	責任者
始業前	花瓶の水を取り替えた		
始業前	会議室の机を拭き、ごみが落ちていないか確認した		
業務中	電話を受けた際は、「社名」「相手の名前」「電話番号」を復唱し確認した		
業務中	上司に出された指示に対してとった行動に対する結果を上司に報告した		
業務中	契約書作成時は「社名」を確認した		
業務中	契約書作成時は「代表者名」を確認した		
業務中	契約書作成時は「日付」を確認した		
業務中	契約書作成時は「金額」を確認した		
業務中	書類送付時は「住所」を確認した		
退社前	事務用消耗品が不足していないか		
退社前	本日の業務リストを確認し翌日の予定を白板に記入した		

好循環と悪循環

社員一人ひとりが挑戦し、「どうだ！」と結果を出し、自ら次のステップを目指し続ける好循環の会社。社員一人ひとりができない理由を探し、上司の粗探し、会社の粗探しばかり行う悪循環の会社。あなたはどちらの会社を経営したいだろうか？　もし、現在悪循環に嵌まり込んでいるのであれば、そこから脱却したい方法を知りたいだろう。その唯一の方法は、社員の強みを見出し伸ばすことである。当社は中途採用社員が多くいる。30～40代になると、それまでの仕事のやり方が染み付いてしまっている。そうした社員を「変える」のは骨が折れる。銀行との交渉に向いている社員、役所との交渉に向いている社員、書類作成に向いている社員、中堅～大企業の経営者から信頼される社員、個人事業主などの小規模事業経営者との相性が良い社員、女性経営者とのコミュニケーションが得意な社員、それぞれの社員の強みに応じて担当を変えている。

その結果、社員はより成果を上げるため自信を持ち次のステップへ進んでいる。中小企業は人が全て。社員の強みを活かすことで好循環を巻き起こしてほしい。

第五カ条　仕事はスタートダッシュ

仕事のペース配分はスタートダッシュである。

A．ダメな仕事のペース配分（納期直前で追い込みをかけて間に合わせる）

B．良いと言われるペース配分（計画的な配分）

C．目指すべきペース配分（納期のかなり前に完了）

お客様からの仕事をAのようにやったらどうだろう。納期に間に合ったのだから文句も言われないだろう。しかし、お客様は納期に間に合うのか、ハラハラするだろう。自分がハラハラしたところを、口コミで紹介してくれることはありえない。Bでも普通のことなので、わざわざ紹介には

図表５　ダメな仕事のペース配分

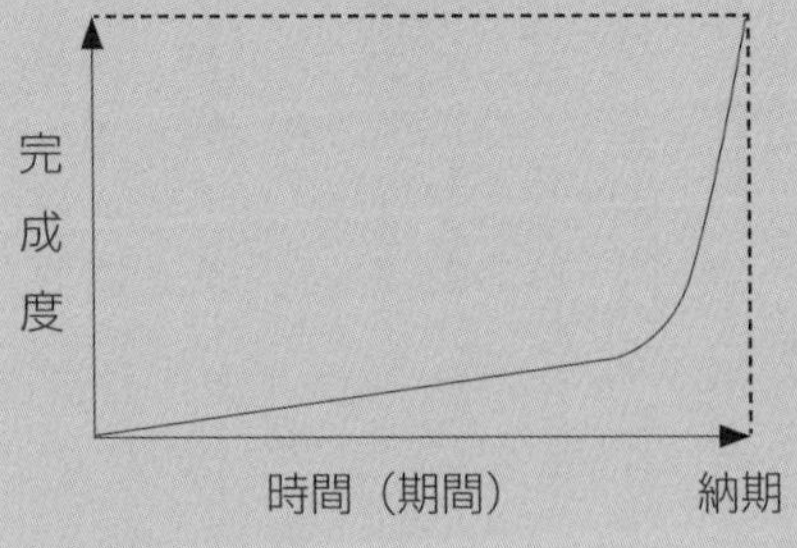

至らない。このようにやってはじめて、ビックリ感動して、口コミがでると心得る。口コミは顧客満足を200%を越えてから発生する。自社の仕事の成果≦お客様の期待する成果であれば、不平、不満が出てくる。お客様の期待する成果＜自社の仕事の成果となることで初めてお客様が満足する。

そのお客様満足を200%の水準で越え続けると口コミが発生する。

図表６　良いと言われるペース配分

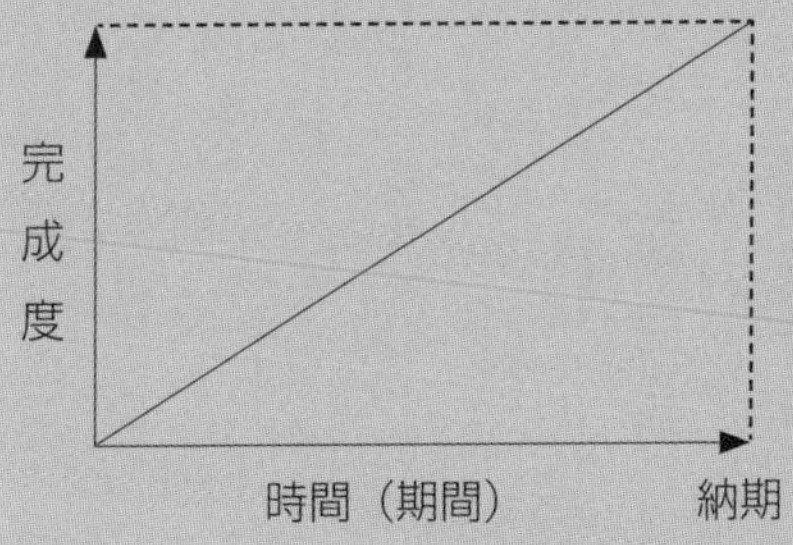

図表７　目指すペース配分

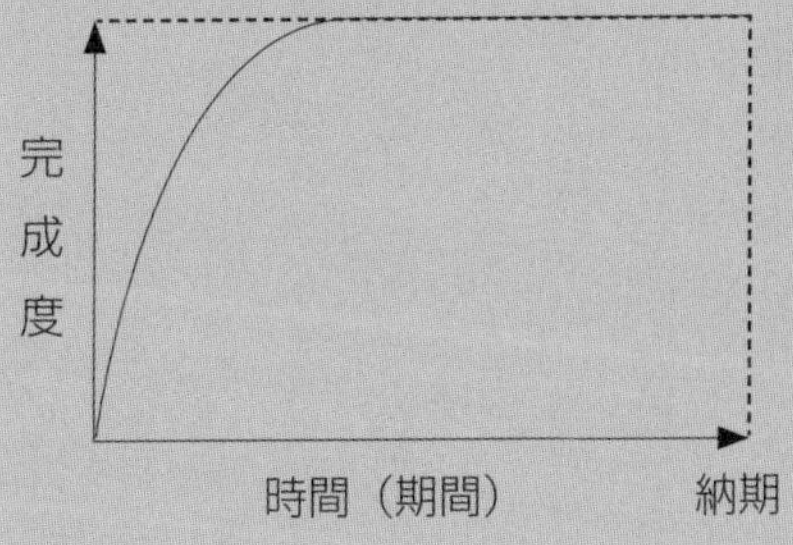

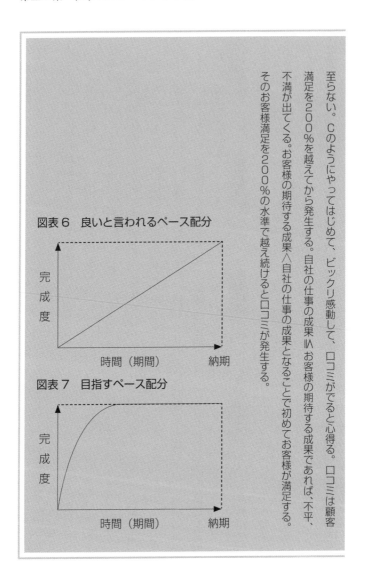

一点突破

中小企業は差別化戦略で他社との差別化を図りなさい、とは良く言われることである。しかし、何をどのように差別化すれば良いのか分からない。その結果、「何でもできます」「仕事下さい」と安い下請け仕事に追われてしまう。さらに、現代は情報化社会である。

技術革新、革新的なサービスを開発してもすぐに真似される。10分考えて、全く誰もやったことがない新規性、新技術、が浮かばないのであれば、「スピード」を打ち出すことだ。大企業と違い意思決定の時間が不要であり、周知・共有を短時間で実施でき、現場の対応スピードが速くなれば提供できるサービスや製品に独自性がなくてもお客様の信頼を獲得することが可能となる。

一方スピード重視で精度が落ちるかと言うとそのようなことはない。スピード＝経験数が増える。その結果仕事の精度、品質が高まる。当社がこれまで元気にした中小企業は2800社以上である。これほど多くの中小企業経営者と接した同業他社はないだろう。その結果、当社では一円の値引きもせず、売り上げを伸ばし続けてきた。その秘訣がスピードで負けない一点突破である。当社の主力サービスである経営革新計画作成支援サービスは最近では同様のサービスを提供する会社が増え始めてきている。競合他社のサービスでは3カ月〜6ヶ月かかる所が当社の場合は1〜3カ月で完了する。当社サービスが値引きもしないで選ばれ続ける理由がこのスピードである。では、どうすれば圧倒的なスピードで他社との差別化できるようになるのであろうか？　ご自身のことを振り返ってみてほしい。一度経験したことより二度目、三度目ではスピードは速くなる。

しかし、残念なことに「何を」「どれだけの」スピードで行っているのかを記録していないため、自社の強みとして打ち出せていない。これは同じことを繰りかえす慣れによる経験値が向上したからである。

完璧を目指さない

決して、手抜きを勧めるわけではない。しかし、始める前につべこべ言わずにまず、始める。そして軌道修正を繰り返す。これがあるべき姿。実行スピードが遅い企業では絵に描いた餅を綺麗に書く（想定できないことを計画に取り込もうとする）ことにばかり注力してしまい、スタートを切れなくなる。当社の最大の強みはスピードであるので、随時修正を繰り返してゴールに到達する。完璧を目指すとお客様に何度も聞かなくてはいけなくなる。お客様からの評価はがた落ちだ。「完璧」を目指したところでお客様には伝わらない。

ただ、仕事が遅い人の印象しか与えない。「とりあえず」の1ステップをスピーディーに仕上げてお客様に確認を取る。お客様が一番心配しているのは、「この先どうなるだろうか？」「いつできるのだろうか？」である。まず、叩き台レベルであってもお客様にスピーディーに確認してもらうことの方が、最初から完璧を目指して仕事が遅れるよりも重要だ。当然だが、そのスピードでありながらプロとしての最高水準を満たすべきだ。

想定力

仕事のスピードを速くするには早く始めるのは当然だが、明確なゴールイメージを持っている必要がある。相手の期待するレベルを想定するには「現象・事実の理解＋人間の理解」が必要である。当社にとって相手は二者である。書類作成を依頼するお客様と書類申請の窓口である役所である。お客様のやりたいことを聴きつつも役所の担当者を想定する。お客様の想いをそのまま書類に作成しても業界の事情、お客様の実務を知らない役所の担当者には伝わらない。そこで、想定する力が重要となる。ただし、一朝一夕に「想定する力」は養えない。

当社では新入社員に「言われる前にやる」ことを期待している。社員同士であれば「この人が何を考えているのか？　この先どうしようとしているのか？」の想定がしやすい。社内で想定力を養い、実際にお客様と接する時に実践することで想定力を高めている。当社では入社してすぐから「普通」に一般社員同様に扱う。想定力がなく、言われてからしか動けない人間にとっては厳しい環境だろう。「全ては言われる前に」の考え方が根付くと、相手の先手を取って言われる前に「どうだ」とやるのが仕事の楽しさとなる。上司に言われてからやるのは「辛い」。当社では、社長が社員に「集客状況はどうなっている？」と尋ねると、「社長、今頃何言ってるんですか。全て声をかけていますよ」と社員にプレッシャーをかけられてしまう。社長としてとても楽しい。しかし、できていない人にとっては針のむしろとなるだろう。

助けてもらうのではなく、「どうだ。オレの仕事を見ろ」を応酬しあう社風だ。世の中の甘っちょろい風潮を否定したい。「ここまで頑張ってやった」。だから、助けてではなく、「どうだ。」と言いながら、社員同士がお互いに相手が仕事をやりやすいようにひと手間をかけている。

常に考える

いくら良いスタートダッシュを切っても途中で無駄なことをやっていたら意味を成さない。どうすれば更にスピードアップできるかを常に考える。二度手間をなくすにはどうすれば良いかを考える。瀬尾専務はお客様の相談に対応する時には必ず「金融」電卓を用意している。金利の計算をする際にその場でできるからだ。「後でパソコンで計算します。」の二度手間をなくすためである。この二度手間をなくすだけで仕事の成果は大きく違う。

しかし、世の中では意識していない人が多すぎる。また、4つの仕事をする時に、片手=1だと4かかるものが、両手を使うと半分の時間の2で完了させられる。どうすれば、成果に直結できるかを考える時に両手を同時に使うことは当然だろう。喫茶店のウェイトレスを見ていてできる人とできない人との違いは水をコップに注ぐ時に両手で同時にできれば時間は短縮できる。同時にできないか？ついでにできないか？を常に考えることで仕事を単純化できるようになる。

どんな時にも手ぶらで帰らないようにするとスピードアップを図れる。当社の1，2階にあるレストラン東洋のウェイトレスはベテラン揃いで仕事の仕方を考える上で参考になる。料理を運んだ帰りにはテーブルを周り必ず食器などを持ち帰る。決して手ぶらでは帰らない。一方、チェーン店などで見受けられるのが人数は多く忙しく働いているようなのだが、手ぶらで歩いているウェイトレスが多いことだ。忙しく動き回っていることが仕事だと勘違いしているのではないだろうか。

当社の事務所は書類は一か所に保管しているため、毎回自分のデスクから書類を取りに行かなくてはならない。仕事ができる人は、その次の仕事の段取りを踏まえて一回の行動で2つ以上のことを行っている。手ぶらで帰らない考え方を導入すると時間当たりの仕事量が飛躍的に増大する。また当社ではキーボード入力、ショートカットキー、単語登録の徹底実施している。スピードを加速するためには細部にこだわる必要がある。具体的には文字の入力速度、また、毎回使う単語は登録しておくなど「ムダ」なことを徹底的に省く工夫である。キーボード入力のブラインドタッチは元より、ショートカットキーの使い方は全社員でテストを行い全社員が使えるようにしている。

感動からしか口コミは発生しない

経営革新計画書初稿は1カ月程度で完成させて送付。競合他社では3カ月程度かかるのが三分の1の期間。3カ月程度で完成させれば顧客満足は得られる。しかし、感動は得られない。当社では人の3倍のスピードで完成させているので顧客に感動が生まれ、口コミが発生している。

期待＞成果＝不満

期待＝成果＝満足

期待＜成果＝感動

顧客満足を追求すると不満の除去に焦点が絞られやすい。

顧客満足を目指す方法としてアンケートを使っている所が多いが、アンケートで得られることといえば不満の解消だけである。お客様にとっては不満が解消されればそれで良いだけだからだ。最初から感動を目指すことで顧客の満足度は向上し、口コミが自然に沸き起こる。当社が口コミで多くのお客様に紹介されているのはこうした理由である。

スケジュールは1年先を決める

例えば、「来月忘年会をするから会場をおさえてくれ」どこもいっぱいでなかなかとれない。なんとか会場をとれたとしたら、とった人間はヒーロー気取りだろう。しかし、会場をとるために要した時間は、あちこち電話をかけて全部で3時間かかった。ところが、

1年前に決めていれば、5分で終わった話しである。このように、一見土壇場で強い人間が良いように勘違いするが、本当はさらっと1年前に済ませてしまう人間が一番凄い人間である。よく仕事は段取り8割というように、やはり段取り勝負である。

当社の事例：

忘年会終了時に翌年の忘年会の参加申し込み受け付け開始

２０１４年忘年会後に来年の忘年会の出欠を確認。

全社員・パートナー会社の社員が参加する毎年開催している忘年会の実際の事例。全社員がパートナー会社の方を送り出す際に申込書を手渡している。早い会社は翌日に申し込みがある。申込みした会社に言われたことは、「来年の予定を考えなくてすむから助かるよ」であった。早めにスケジュールを決定することは自社の都合でなく相手にとって好ましいことである。

ステップ管理

仕事で目標を達成するのは一つひとつのステップの積み重ねである。営業活動で「売り上げを上げる」ことを目標としても、

1. 見込み客のリストアップ
2. 見込み客へのアプローチ（テレアポ、飛び込み、ＤＭ）
3. 訪問、来社、セミナー参加
4. 商談
5. 受注

とそれぞれの段階を踏まえて受注へ到達する。その各段階での成績について目標と実績を記録し続ける。

要した時間、費用、件数などの定量化できる項目を記録することで費用対効果を算出できる。全体の中で最も弱い部分を強化すべきか、もっとも成果が出ている部分を強化すべきか。検証と改善を繰り返していく。

成果を上げる勉強法

当社では、毎月お客様企業を対象にした勉強会を開催している。やる気会と名付け、一生勉強をテーマに経営に関する有益なセミナーを主催している。知らなかった情報、知識を勉強する場として活用頂いている。

しかし、この勉強会を受講した方のなかでも成果を上げる方とそうでない方がいる。成果を上げる経営者の共通点は、2時間のセミナーの中で「これ、やってみよう」と具体的に行動につなげている人たちである。

一方、成果を上げられない人は配布資料やノートにいっぱい書き込むことが目的となっている。今の世の中は情報化社会である。情報はインターネットで瞬時に全世界から集められる。勉強会で情報を得ることはネット情報に比べると格段に精度が高い情報ではあるが、せっかく受講したのであれば、1つで良いので具体的な行動へと繋げて欲しい。

第六カ条　仕事は単純化する

単純に考える。

物事を難しく考えるから判断が遅れる。難しく考えるからできなくなる。どうすればもっと単純にできるのかを考えることで早い判断と実行力が養える。

仕事を「見える化」する

できない言い訳を言わせないためには、経営者自らが言い訳を言わないこと。社内に「見える」仕組みを導入して逃げ道を作らないこと。仕事を見える化するとは、鳥の目で、仕事全体を俯瞰できるようにすること。魚の目で、仕事の流れを見える化すること。虫の目で、細部を見える化することである。

当社では売上・経費全ての会社の数字を共有フォルダーで社員に見える化している。会社の利益に関わらず、自分の給料が会社にとっては経費であることを自覚する契機となっている。売上の進捗状況については壁面に貼り出し目標と実績の進捗状況を一覧できるようになっている。この進捗状況を各チームごとに把握し改善策を立案・実行している。

同様に入出金については毎日定時に銀行の入出金状況を印刷し回覧している。回収不良を起こさないために全社員によるチェックが働く。顧客別の書類・コンサルティング状況の進捗状況については途中経過と結果を各チームごとに共有している。見える化といいながら、良い部分だけを取り上げて見える化している会社は多いのだが、良いことも悪いことも全てを見せることが本来の見える化と考えている。

当社ではお客様から見えない場所にホワイトボードを貼り付け日次で売上の進捗状況を

更新している。毎日自分の売上がいくら上がったのかを確認できることは行動のスピードを上げることにつながる。多くの中小企業では目標と現状の進捗状況を見える化していない。売上目標に限らず、工場での生産目標も同様だ。社員を働かせるためには、取りあえずで構わないので目標と現状の進捗状況を見える化するだけで良いのである。

仕事の見える化の効用である。

一桁なら九九でできる

仕事を単純化するということは、自分なりの方程式を持つということである。160円のコーヒーの消費税額はいくらか？　を暗算で計算する時にあなたはどのように計算するだろうか？　普通は、

160×0・08　0・6×8＝4・8　と1×8＝8を足して12・8と算出するだろう。

しかし、私はそのように計算しない。

一桁の計算ですませるようにする。

8×8＝64×2＝128と計算して桁を移動させる。学校で習ったいわゆる正しいやり方ではないが、私はビジネスの現場では単純化して素早く解を出すことが正解だと考えて

いるのでこうした計算方法を使っている。

常にどうすれば単純化できるか考えて自分なりの方程式を作りたいものである。

お客様を見える化する

新聞販売店は人口減少、活字離れ、紙媒体からスマートフォンへの移行と三重苦の厳しい環境にある。川崎市で新聞販売店をされているアサヒルミエル社は、お客様を見える化し、新聞以外の物販を行うことで活路を開いている。現在、世帯数で最も多いのは単身世帯である。結婚しない若者、配偶者に先立たれた高齢者の単身世帯が増えている。この地域も同様である。しかし、単身世帯でも困っていることやほしい物は違う。

そこで、自社のお客様は誰か?を徹底的に分析した。〇丁目の△さんは70代後半の女性だ。団地の3階に住んでいる。重い荷物を運ぶのが辛い。

そこで、物品販売ではまずはお米や水などの重くて購買頻度が高い物を取扱い始めた。△丁目には大手スーパーが進出し魚屋さんがなくなった。新鮮な魚、ちょっと珍しい魚を取扱い始めた。当社のお客様で愛媛で瀬戸内海の魚を首都圏に販売したい会社がいたので紹介し販売協力することとなった。

経営の神様と言われるドラッカー氏は、「われわれの事業は何かを知るための第一歩は、顧客は誰かという問いを発することである」と述べている。地域密着で絶えず変化する環境に応じてお客様は誰かを問い続けることで新事業を成功させている。

手順・コツ・道具

手順・コツ・道具が分かれば業務マニュアルができる。例えば、皆さんは掃除をどのようにやるだろうか？　目の前の汚れている所からいきなり始める方も多いだろう。しかし、その方法ではいつまでたってもキレイにはならない。掃除のプロは、正しい手順で掃除をするからプロなのである。基本は上から下、外から内（場所によっては中から外）の順序で行う。床のゴミが気になって床の掃除を最初にして、その後天井の埃を落としたら最初に掃除した床はまた汚れてしまう。結果二度手間になる。二度手間にならないために手順を定めている。

その手順通りに、

1. ハタキなどで埃を浮き上がらせ、
2. 箒などで、目につくゴミを拾い集めて
3. 雑巾で拭き掃除をして

4．最後にワックスがけをして磨く。

ワックスがけが好きだからとワックスがけだけをする人はいないだろう。大まかな流れの中で特に自社で気を付けていることがコツとなり、他社との差別化の源泉となる。油汚れはこうやって落とすと効果的だとか、掃除しにくいサッシの隅の部分はこうしている。などがコツである。

しかし、早い時期にマニュアルをどんどん越えて欲しい。先日、ブルガリ（高級ブランド店）で正月明けの平日の夕方の銀座店に行った。2年程使っている時計の修理のためだ。店内は50代と思しき男性客が1人だけしかいなかった。

「時計の修理に2か月だって！　それはおかしいでしょ」私は思わず声を荒げた。

担当の女性店員が悪くないのは分かっている。私が怒ったのはその対応である。

時計の修理であれば普通は1日で終えられるはずだ。それなのに、2か月かかると何の疑問も持たず平気で言っていることに怒ってしまったのだ。恐らく正月明けで工場が混んでいるなどの事情はあるだろう。しかし、そうであるならば職人を増やすとか対策を取るのが普通だと考える。それを現場の店員に言ってもどうにもならないのだが、その事情を相手に伝える努力をしないでマニュアル通りの受け答えしかしないことに腹を立てたのだ。それでも高級ブランドであればお客様は待ってくれる。

一方、私たちのような中小企業がそのような対応をしたらどうだろうか？　お客様はあっという間に離れてしまうのではないだろうか。私たちは常にマニュアルを越えるサービスを提供したいものである。

人に仕事をつけ、やがて仕事に人をつける

経営の教科書的には「仕事に人をつける」であり、人に仕事をつけるのは間違いとされているが、小さな会社の場合は二段階に分けて考える必要がある。第一段階としては、人を採用する際に○○ができる人を採用する。その人の仕事のやり方で社内の標準化を図る。手順書、或いはマニュアルを作成する。

第二段階として、ようやく、新しく入った人をその仕事に就かせる。ステップを経ることになる。

第一段階で発生する問題として、「誰が」「どこで」「誰を対象に」「どのように」仕事をしているのか分からないことだ。良くある問題として、「古参の営業部長が「どこかで」「勝手に」物を売ってきて在庫や利益の管理ができなくて困る」などの問題だ。属人的な仕事の仕方と揶揄されるのだが、この段階を経ずして次のステップへは進めない。形だけ第二

段階を整備しても仕事をしないで給料だけをもっていく「給料泥棒」のような社員を放置することになってしまう。「やり方」は「全て任せる」から、兎に角、何が何でもこの目標を達成してくれ！　の時期を経過させずして、何を言ってるのだ。

社長自身も社員に課した以上の目標を設定し「何が何でも」やり切らなければならないのは当然である。具体的な目標設定としては、「今月は△を一人○個売る」や、「一人○個改善提案をする」などの数値（個数）目標とする。金額に設定すると「例外、換算」が必要な場合が発生し、それが「言い訳」の原因になるため、一目でスグに分かる目標としたい。

仕事の棚卸

経営者に「しか」できない仕事がある。誰に「でも」できる（ようにしなければならない）仕事がある。成果をあげ続けている会社では「しか」と「でも」が整理されている。

誰に「でも」できる仕事は、誰でも入社したその日に取り掛かれるようマニュアルが作成されている。マニュアルには手順と水準が明確に書かれている。生産性の指標が明記され目標と実績を把握できるようになっている。

自分が何をしなければいけないのか?·その仕事は、なぜ、自分がしなければいけないのか？

管理職はプレイングマネジャー。マネジャーの仕事はほとんどせず、プレイヤーの仕事をしている。現在自分がかかわっている全ての仕事を紙に書き出し棚卸する。

当社では社長の仕事は驚く程少ない。全国各地での講演活動を行うためにルーティン業務は全て総務部門担当者が行えるような仕組みを作っているからである。

小売り店の仕事は多岐にわたる。販売だけでなく配達、集金、チラシ作成、配布など、また集計などの事務作業も煩雑である。それらの雑事について店長、店員だけではなく、社長、専務が抱え込んでいる仕事が多くある。仕事の棚卸を完了させたうえで経営者が店長、店員に「やってほしいこと」を一つずつ明示して伝えた。その結果、店長、店員とも自分のやるべきことが明確になった。彼らにすれば「自分がやった方が良いのか」と思いつつ、なかなか言い出せなかったことばかりだったそうだ。社長、専務は雑事から解放され新規顧客の集客に集中して取り組むことができるようになり業績改善へと繋げることができた。

群盲象を評す

この話については、インドや中国、その他いろいろな地域での諸説があるが、あらすじはこうだ。盲目の6人が象を触って各々の感想を聴いた。

足を触った人間は柱のようだと答えた。耳を触った人間は扇のようだと答えた。鼻を触った人間は木の枝のようだと答えた。尻尾を触った人間は網のようだと答えた。それぞれが、自分の意見が正しいと主張した。私たちはともすると、仕事の全体像を観ないで自分の仕事の部分だけを主張しがちである。まさに、自分が触った象の一部分だけで全体を分かったような気になりがちである。

ところで、なぜ全体を観ることができる人が育たないのか？　そもそも、ほとんどの新入社員は仕事の全体像を見ることができない。なぜなら与えられた仕事が仕事の全てだと捉え目の前の事に必死だからだ。その後、「前工程」と「後工程」とのつながりや、お客様との関係の中から自分の仕事の位置づけ

図表８　仕事の棚卸表

名前：　　　　　　　　　　担当業務：

No.	作業内容	頻度	時間／日	廃止の検討	やり方見直し	担当者見直し

を全体の中の部分として認識していく。残念ながら、全体の中の自分の今の仕事の位置づけを理解できないまま年齢だけ重ねている人が多い現状だ。また、全体を理解できても自分の仕事の正当性を主張することに固執する輩も少なくない。そんな中で全体の中で自分がどう動けば良いのかを早いうちに体得した人が卓越した成果を上げるのは当然である。

何かはない

何かあった時のために。は大体不要。仕事のできない人に限って不要な資料をいくつも持っている。捨てずに抱え込んでいる。そして決まって言う台詞が「何かあった時のために」である。これまで2800社以上の仕事をしているがその「何か」が起こったことはない。仕事ができない人ほど荷物が多いのは出張についても言える。年間50日程出張しているが、出張の荷物は常に最小限である。一度だけ、何かがあった時がある。替えの下着を処分して手軽になって帰る時に荒天で飛行機が飛ばなかったことがあった。しかし、早めに分かったためデパートでその後も使える下着類を購入した。コンビニで購入すると結局その後、長く使えないので早めに買うことにしたのである。

第七カ条　良い時こそ、分析する

悪くなったときに、「何故悪いんだろう。どうしたらいいだろう」と悩むことがあるが、既に手遅れ。良い時に何故よかったのかを分析・記録しておくこと。そして、悪くなったときは、良い時の記録を見てまねすれば良い。とかく、良い時は良かった良かったと一杯飲みにいってしまうことがあるが、良い時は、何故良かったのか分析しておくこと。そして、分析した結果を共有しておくこと。当社では、毎週月曜日の早朝勉強会、昼休み勉強会で経営革新成功事例・コンサルティング事例を共有している。入社して間もない社員も知識を共有している。多くの中小企業で社員の知識・スキルがアップしないのは良かったこと・事例を共有する仕組みがないからである。その結果、できる子はますますできるが、できない子はできないまま落ちこぼれてしまう。

経営革新計画作成実績で2800社以上の支援実績がある当社では各コンサルタントの知識・経験は膨大である。良い時に浮かれず分析した結果である。

分析は感想ではない

できたこと、できなかったことの感想を述べるのは簡単だ。しかし、仕事の分析は感想発表ではない。客観的な事実による裏付け、定量化されてこそ属人を離れ組織へ定着化できる。主観を離れ、自分自身を客観的に見る分離。そしてその状態を統合させて言語化することによって、分析が可能となる。しかし、主観的な感想を述べる社長が多い。

「大変だ」「辛い」「厳しい」だけでは、的確なアドバイスができない。

何がどれだけ大変なのか？　あるべき姿と現状との差異を数値化する癖をつけると分析しやすくなる。身近な例で、「英語を喋れるようになりたい。が喋れない」というのは感想である。

「日常会話程度の英語を喋れるようになりたい。英検で言えば2級程度」に対して、現状は、「単語が出て来ない。中学英語レベルもできていない」を分析すると、現状は100点満点で70点位だ。

具体的には、

1．語彙が足りない。

さらに定量的に分析すると、単語で3000語位覚える必要があるのに対して

２０００語レベル。
２．聴き取りの力が足りない。
聴き取りで満足するレベルに達するには１０００時間位必要なのに対し、２００時間レベル。


だから、集中的に英語の教材の聴き取り練習を行おうというのが現状分析からの解決策の立案である。これを実務に置き換えてみることで自社、自分を定量的に分析することが可能となる。「まぐれじゃできないでしょ」は当社瀬尾専務が良く言う言葉。彼は信用金庫主催の旅行でおじいちゃん、おばあちゃんを呼ぶＮｏ１であった。１回２回の１位はまぐれもあるが、17年連続はまぐれではない。その理由を本人が自己分析した。

「私は旅行に呼んだおじいちゃんおばあちゃんをお客さんだと思わなかった。本当に自分のおじいちゃん、おばあちゃんだと思って接していた。だから、向こうも孫のように思ってくれていた」

そのように自己分析していたので毎回おじいちゃんおばあちゃんに会いに行くように訪問した。だから、17年連続記録を樹立できた。

「商品を売らないで自分を売る」は一般論である。自己の体験を客観的に分析して再現可能にしたから「まぐれじゃできないでしょ」と言える。

考えに考えた結果

「考えに考え」「悩みに悩んだ」からこそ分析ができる。エイヤ～でうまく行った場合には分析はできない。

神々は細部に宿る

全国で年間50日講演を行っている。講演は私にとっては通常業務の一環であるが、初めて来た人にとっては特別の場である。だからこそ、私は細部にまで徹底的にこだわる。会場の受付からの人の歩く動線、テーブル、イスなどの会場のセッティング。テーブルに並べる資料の向きや順番にまで目を配る。

また、説明会に参加された方の反応は毎回違う。反応が良い場合は通常通りに講演を続けるのだが、地域によっては反応が悪い場合がある。そうした時に過去の良かったことを振り返りながら修正を行っている。

例えば「眠そうでやる気のなさそうな経営者がいる場合」は会場全体の雰囲気が悪くなる場合がある。そうした時には、良かった時のことを思い出し講演の内容を変更する場合もある。

例えば、経営者ではなく社員が多い会場では居眠りが多くなる。

そうした会場では、司会者が、「今日は楽しみでしょうがないと言う方、手を上げてください」「では、社長に言われてしぶしぶ来たって方、手を上げてください」と手を上げさせる。その上で、「せっかく来たのだからしぶしぶを楽しいに変えてください」と機先を制す。講演開始までに場の空気が変わる。一つひとつの細かい所にまで気を配るから、50回の講演を毎回完璧に行うことができるのだ。

成功は成功の素

失敗すると、「何が問題なのか?」「なぜうまくいかなかったのか?」と原因究明に時間と労力をかけている。しかし、成功した時に「何が成功要因だったのか?」を検証している会社はない。進捗確認の会議にしても「問題点がある。だから共有して改善策を考える」ことを目的として運営している。成功要因を分析し、共有することに正しく時間をかけていくことで担当者も会社の雰囲気も明るくなる。お客様のある会社では「テレアポ」がなかなか設定した目標値を達成できなかった。一人だけ手伝いで入っていた総務の女性がコンスタントにテレアポの獲得ができていた。営業担当の人間は彼女に聞くことをせず、自分たちが「なぜうまくいかないのか？」を議論続けていた。

ある時、若手社員がその総務の女性に、「どうしてそんなにアポ取れるんですか？」と尋ねた。すると、彼女は、「電話の時にいつもの取引先の社長に電話するように電話しているだけなんです。」と答えた。若手社員は営業担当のメンバーに聞いたことを伝えた。勘のいい中堅社員は、「自分たちは何としてもアポを取るんだという変な気迫があって肩に力が入りすぎていた。だから電話を受けた相手も身構えてしまってアポ取り以前に電話を切られてしまうんだ。既存のお客さんに電話するような感じでアポ取りしてみよう。」ということになった。結果はそれまでと見違える大成功となった。成功は成功の素である。事業が上手く回っていると忙しく社内も活気づく。この忙しい時期の時間の使い方で数年後の明暗が分かれる。忙しい時に「なぜ、うまく行っているのか？」を分析する企業だけが生き残る。ダメな企業は、「今日は忙しかったな。お疲れさん会やろう！」と分析をせずに盛り上がる。

「何がよかったのか？」の分析ができていないままなので悪くなった時に打つ手がない。

成功は失敗の素

ところが、成功体験は人に自信をつけさせてくれる一方でやがて、「今までのやり方（成功体験）を頑なに続ける」失敗の始まりともなり得る。

では、どうすれば成功体験を更なる成功へとつなげられるのだろうか？　そのカギは「（本来の目的へ到達するまでの）定量化」にある。当初のテレアポは3／1000件＝0・3％の確率だったのが新しいテレアポにより5／1000＝0・5％の確率となると今までのやり方ではなく新しいやり方が標準となる。そして、この0・5％を超えるための議論がなされるが新しい方法を越える方法がないため定着する。これが失敗の始まりだ。

テレアポ成功確率は定量化しているのだが、本来の目的は受注である。受注に至るまでのプロセス全ての定量化を実施することでより良い方法の検証が可能となるのだが、他のプロセスの改善には至らず、テレアポの成功だけが記憶に留まる。テレアポに要する営業社員の人件費、電話代などの経費やその後訪問できた見込み先での受注確率を検証するとよほど高額な粗利が取れる商品でない限りビジネスモデルとして成り立たないのにだ（20年以上前であれば成り立つのですが、今も似たような営業手法にしがみついている企業も少なくない）。「成功が失敗の始まり」とならないためにも最初の接触から受注までのプロセスの定量化を強くお勧めしたい。

反復≠継続

「先生、当たり前のことをちゃんとやるってことが大事なんですね」

本書で言いたかったのはまさにそのことである。ただし、当たり前のことを繰り返すだけでは「反復」に過ぎない。どうすれば、よりよくできるか？　を考え改善を繰り返すことが継続である。継続は力なり

創業20年の会社の創業者の日課についてお伝えしたい。彼は創業20年間毎日行っている日課があった。それは、毎日寝る前にその日1日の「うまくいったこととうまくいかなかったこと」を振り返ることだ。うまくいったことは「なぜうまくいったのか？　どうすれば全員が上手くできるようになるのか？」うまくいかなかったことについては、「どうすればうまくいくのか」の段取りを考えてスッキリさせてから寝たとのことである。

皆様も寝る前のほんの数分、その日を振り返ることをお勧めする。

トイレには走って行け

最後に、仕事での成果をあげるために「どうすればできるか？」を常に考え実践する。本書ではその具体例を伝えてきた。「忙しい、忙しい」と言っている社長の会社に行って、社員100人に「忙しいですか？」と聞けば全員が「忙しい」と答えるだろう。

しかし、トイレに走って行っている人は一人もいない。全員歩いて行っている。本当に忙しいなら、トイレの時間も惜しんで走るのではないか。だから「忙しい」とはごまかしである。

トイレに走ったところで、2，3秒しか時間短縮できないという人もいるだろう。確かに2，3秒しか短縮できないが、たった2，3秒を短縮するためにトイレに走った人が、自分の机に戻って怠けるはずがない。2，3秒のアドバンテージを活かすために、さらにスピードアップして仕事をするはずである。

だから「トイレには走って行け！」。

【プロフィール】

宮澤　猛（みやざわ たけし）

1967年生まれ。1990年東京農業大学農芸化学科卒業。1990年㈱ダイエー入社。2001年㈱ラック入社、社内ベンチャーで現在の中小企業支援事業を立ち上げる。2007年東京中央経営㈱設立。

【支援実績（令和4年12月末現在）】
経営革新計画　5,613件
（中小企業新事業活動促進法・中小企業等経営強化法）
経産省系補助金　621件
事業融資　支援実行実績　1,693件

お問い合わせは…

東京中央経営株式会社
〒103-0027
東京都中央区日本橋1-2-10 東洋ビル7F
TEL：03-6202-2333　FAX：03-6202-2335
URL：https://www.tokyo-cm.co.jp
mail：info@tokyo-cm.co.jp

2023年4月12日　初版第一刷発行

中小企業のための7ケ条
やるか・やらないか！

著　者　©宮　澤　　猛
発行者　　岩　村　信　寿

発行所　リンケージ・パブリッシング　〒104-0061 東京都中央区銀座1-12-4-7F
TEL 03(4570)7858　FAX 03(6745)1553

発売所　株式会社 星雲社
（共同出版社・流通責任出版社）　〒112-0005 東京都文京区水道1-3-30
TEL 03(3868)3275　FAX 03(3868)6588

乱丁・落丁はお取り替えいたします
ISBN 978-4-434-31819-1　Printed in Japan2023